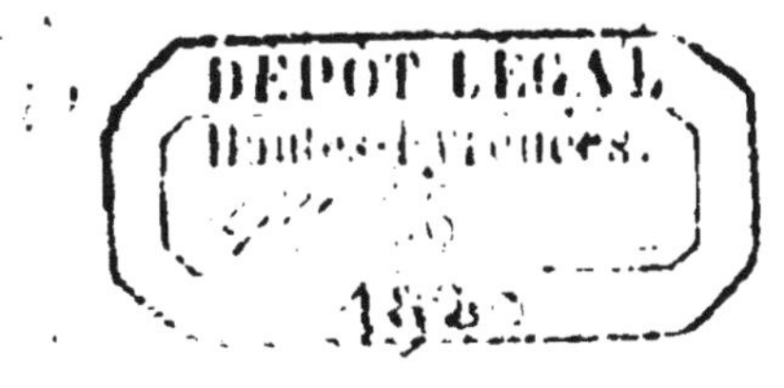

NELLY NOEL

Amour

et

Soumission

NELLY NOËL

Amour

et

Soumission

A mon mari !

A ceux qui oublient trop que l'amour humain n'est qu'une libéralité de l'amour divin !

Aux jeunes, qui ne savent pas que l'on peut aimer amoureusement ici, — en aimant immensément, là-haut !

A la femme révoltée et incroyante, — pour l'aider !

A Dieu surtout, à sa gloire infinie, ce pauvre travail si modeste, et si peu digne de Lui !...

TU VERRAS LE BEAU VOYAGE !....

" Il quittait sa maison
pour ne plus y revenir. "

Mille oiseaux chantent ; les marronniers sont en pierres vertes ; l'ombre est bleue, c'est un printemps fou !...

Il se penche à droite, tandis que je m'incline à gauche, et nos deux visages, en marchant, se frôlent...

Nous passons dans des couloirs d'effluves étourdissants ; les fleurs éclatent de couleurs et d'odeurs, — c'est l'excessif renouveau ! On sent la vie qui vit, — et l'on voudrait vivre plus qu'elle encore !

Comme il paraît jeune et joyeux ! Ses lèvres empourprées me sourient sans arrêt, parce qu'elles ne peuvent se poser sur mes yeux qui le regardent ! On nous observe, — c'est ici le passage de tout le monde...

... Pourtant voici des papillons qui s'enivrent de toutes les fleurs !

La nacre de ses dents me dit combien sa jeunesse est neuve toujours, et ses prunelles vert sombre projettent encore le fluide étrange, que de tout près je ressentais, lorsque nos jours étaient de fiançailles !

Je vois que la mousseline dans laquelle je me suis fémininement enroulée lui plaît ; j'ai du printemps, moi aussi, sur mes épaules, car je ne veux pas qu'il me devine soucieuse.

« Tu verras, tu verras, mon adorée, que nous aurons encore des heures de joie; il (1) va me guérir,... j'ai confiance en lui, comme tu as confiance en Dieu ! Nous passerons ensemble ce tunnel, et ensemble nous repartirons en des ivresses retrouvées, plus riches et plus capiteuses que celles des amants nouveaux.

» ... Tu verras le beau voyage que nous ferons, en des contrées de lignes et de parfums luxuriants; nous aurons la moitié de notre âge et de l'amour en double !

— Oui, Manuel, on s'aimera à l'infini; on se quittera moins encore, et l'on boira éperdument à la même coupe, cette liqueur de velours et de feu qu'est la vie !

_____

(1) Chirurgien P...

» Oh ! que le jour resplendit ! Le ciel est un saphir sans bornes, un cypris dont les ailes se tendent sur nos deux sourires !... On respire du bonheur... Oh ! oui, nous ferons un beau voyage ! »

Le jour va finir...

Les oiseaux respectueux ne chantent plus : il passe un mort !...

Qu'est donc ce cachot ténébreux et lugubre, qui sous les marronniers verts et roses se glisse ?... Fleurs, oiseaux, senteurs enivrantes, beauté, jeunesse, enchevêtrements de formes et de parfums, éloignez-vous par pitié !......... Votre félicité m'insulte ! De grâce, regardez ma détresse ! Voici mon cœur qu'il (1) a tué ! — L'orgueil et l'insouciance de cet homme ont suffi pour saper et supprimer en un instant cette merveille si précieuse, qui s'appelait un bonheur, tout comme les enfants détériorent les nids des oiseaux ! Oui, voilà ce qu'il a fait de nous, de ce couple qui passait rieur et ivre de plaisir, de ces deux êtres enlacés dans l'illusion et l'enchantement !

Contraste ignoble, indescriptible paradoxe ! je ramène mon pauvre bien inerte, froid, décomposé, à cette heure où d'au-

---

(1) Chirurgien P...

tres s'embrassent ! Et dans cette prison monstrueuse que des chevaux macabres traînent, nous ne sommes plus que deux choses stupides !...

« Holà ! où nous emportez-vous ainsi ? Est-ce encore en plus de souffrance, qu'il nous faut toujours entrer ? »

Voici le clocher de mon église... On arrête. Mon Dieu, qu'il est tard ! C'est la nuit.

« Est-il possible que tu restes, seul, dans ce caveau si-nistre de tout le monde... tandis que, seule, j'irai hurler de douleur sur notre couche nuptiale ?

» Dis ? Est-ce bien vrai, qu'à mon réveil, demain, je ne reverrai plus, penchés sur les miens, tes yeux transverbérés de vénération et d'amour...

» Oh ! suavité, allégresse, adorable folie, qui aviez fait de moi un calice de volupté, adieu ! Adieu... Toi, plus que moi-même ; adieu, mon seul Trésor... »

On me prend, on m'emporte, on me déchire. Tout est con-sommé !

Effroyable horreur ! Horreur illimitée de l'arrachement, tu m'étouffes, je te hais, et pourtant je t'accepte, soumise, do-cile :

JE SUIS CHRÉTIENNE

Non, non, tu ne me feras pas mourir ; je supporterai tout et plus encore, car si on m'a séparée de celui que j'aimais jusqu'à la démence, il me restera toujours celui que j'adore : Vous, mon Dieu !

Larmes ! grand fleuve d'amertume, emportez ma jeunesse, mes rêves inouïs, et tout le reste de mes séductions attardées !... Cachez-moi la terre, — je ne veux plus rien d'elle, qui n'aura plus rien de moi, puisque sur ce globe périssable j'ai perdu mon *seul* amour !

« Emmanuel ! tu habitais jadis mes bras amoureux, enjôleurs, hélas, passagers !... Tu habiteras maintenant mon âme pieuse, éternelle ! Oui, Manuel tant chéri, tu verras le beau voyage que nous allons faire, dans les édens du Paradis ! C'est là que nous fuirons à présent pour mieux nous aimer, sous les massifs, et dans les parfums de notre Créateur, et nos baisers auront une saveur de ciel, que nous n'aurions ici jamais connue.

» Le plus beau voyage du monde est celui qui conduit là-haut,... tu avais raison, je n'avais pas compris ! »

LES NUITS INFERNALES !

Ceux qui nient l'enfer se trompent. J'y suis allée !

Minuit !... Il n'est que minuit !... Comment faut-il faire, mon Dieu, pour que mes cris percent votre insondable immensité, et pour que votre regard se pose un instant sur mon effroyable détresse ?... A l'aide, mon Dieu !... à l'aide ! Je vais succomber de douleur, avant que le jour ne revienne !

Mes genoux se meurtrissent à la dalle glacée qu'ils ne quittent plus, et tout à l'heure je monterai sur ces deux genoux pénitents toutes les marches de pierre, qui me conduiront à sa chambre !

Je sais qu'il y en a trente-trois, Seigneur, vos trente-trois années de vie terrestre !

Je tremble d'inquiétude, de froid, et de souffrance.

Si on allait me dire, dans un instant, qu'il n'est plus ! Ah !
non... ça non... mon cœur ne le *veut* pas ! cela ne peut arriver entre deux êtres comme nous ! Il y a certaines amours
qui résistent à tout !... l'° (1) vont me le rendre, et je le soi-
gnerai tellement, ce corps martyr, que je le garderai !

Mon Dieu !... J'ai entendu du bruit,... on vient...

Il est mort !

Oh ! je m'étouffe !.., mais de la lumière, mion Dieu, de la
lumière !... Ces quatre murs sont donc la prison où je dois
mourir aussi !

Hélas ! le silence revient, plus compact, plus cruel que jamais. Ce bruit n'était que celui de mon cœur, qui bat trop
fort !

Pourtant, c'est impossible, je ne puis plus rester dans ces
catacombes isolées, lointaines, catacombes plus sinistres et
plus épeurantes que celles des pays latins !...

La porte ?... où est la porte ?... Ah ! voici les trente-trois
marches.

A genoux, oui à genoux, je vais les gravir, avec les bras en
croix !..... Maître !... déposez votre couronne d'épines sur
mon front, nos douleurs n'en feront plus qu'une !

____

(1) Docteurs P... et P...

Je suis toute dévêtue... qu'importe, on ne rencontre ici que des ombres de morts !

Oh ! que c'est pénible de monter ainsi ! Mes mains se crispent, misérables, suppliantes, ces mains qu'il aime embrasser, couvertes de parfums et d'émeraudes !

Plus je monte, plus j'entends des gémissements,... il me semble que j'ascensionne à l'envers, ce qui descend chez Satan !

Ici, on hurle ! Oh ! mon Dieu... qu'a donc à expier cette âme ?... Que cela sent l'éther, et mauvais, — et que tout ce qui m'entoure est monstrueux !...

... Doucement, tout doucement, me voici presque à l'endroit où je dois poser mon visage rempli de sueur, de larmes, et d'angoisses : c'est sa porte fermée !... Hélas ! j'écoute, j'écoute encore, mais rien. C'est le silence déchirant toujours !.. Que faire ?... On m'a défendu d'entrer, comme s'il était à eux (1) !... Mon Dieu, c'est pourtant à moi, qu'il appartient ! à moi que vous l'avez donné ! !...

Que faire ?... Vite, que je redescende pour reprier beaucoup mieux, beaucoup plus ; je n'ai jamais su prier !... Mon Dieu, vous allez voir comme je vais le faire maintenant !.....

____

(1) Docteurs P... et P...

« Seigneur, *gué-ris-sez-le !*.. par grâce, par pitié, par amour...
guérissez-le ! Prenez *tout* ce que j'ai, mais gardez-lui la vie !..

» Mon Dieu, dites-moi ce qui pourrait vous plaire. — Je le
ferai !... L'air que je respire est moins utile à mes poumons
qu'Emmanuel à mon cœur ! J'ai toute confiance en vous,
mon Dieu, — et puis j'ai tout de même beaucoup prié déjà,
et j'ai tant pleuré aussi ! Mon Dieu, n'est-ce pas, vous allez
me le guérir ?... »

Ah ! si ma voix allait rester enclose en cette prison ? Je
n'ose le dire, ni même le penser... Mais alors,... alors,... il
serait perdu ?

Ah ! Mon Dieu... qu'est-ce que j'ai dit ?

Troisième nuit,... encore à genoux, encore seule, encore et
toujours glacée d'épouvante, à la même place !... Mes larmes tombent goutte à goutte... aux mêmes endroits ! Mon
Dieu ! ce supplice aura-il jamais une fin ?

Sixième nuit,... toujours pareille !.....
Il agonise... Il s'en "retourne". Et d'autres avec lui, en
d'autres chambres, sont sanglotés par d'autres êtres !

Dans cet antre infernal, on n'entend que des plaintes, ou des choses hideuses ! Que tout y est laid et que tout y fait mal !... Oh ! que j'aurai souffert ! Une seconde me semble une heure, et une nuit un siècle !

... N'avoir qu'un amour dans une vie, — l'avoir intense à ce point, — et sentir qu'on va le perdre, mais n'est-ce pas l'enfer vraiment ? l'enfer déchirant, expiateur ?

Nuit d'attente, — inoubliable et profonde en ténèbres, où j'aspire inlassablement à recevoir une illusion qui ne vient jamais !

* *

Dernière nuit d'affolement douloureux et sans limite ; je ne sais plus si c'est lui qui agonise ou moi ! — Je n'ai pris aucun repos, depuis le jour horrible où il (1) me l'a tué ! — Huit nuits, tour à tour, les bras en croix, ou le front à terre !..

Ah ! s'il y avait au moins en cette demeure une chapelle ! j'irais poser mon âme sur le tabernacle, comme un papillon blanc sur une rose d'or !... Que cela serait bon et me ferait du bien !

... Mon Dieu ! dans le cénacle vivant que je suis, parlez,

____

(1) Chirurgien P...

je ne vais plus rien dire, plus même rien penser.... c'est votre voix seule, paisible et glorieuse, dont j'ai soif ! Parlez, j'attends tout de votre richesse pour ma misère, tout de votre science pour mon incapacité ; j'attends, pieuse, hâtive, comme une première communiante ; docile, anéantie, comme une blessée, cette voix consolante, paternelle qui, *seule*, m'apportera enfin l'espoir que je cherche !

« Oui, écoute !... Ton supplice va s'achever, je vais le le guérir, je vais lui redonner la vie, car il va mourir ! — Mourir en croyant, — mourir en chrétien, commencer dès lors à vivre ! N'était-ce donc point cela, que depuis votre hyménée joyeuse, tu ne cessais de vouloir ?... Cette grâce que tu convoitais, la voici. Tendrement, je te la donne, et ce jour n'est-il pas pour toi tout resplendissant de lumière et de félicité ?

— C'est vrai, Seigneur, vous êtes bon. Je comprends, je vous remercie, et je vous aime ! — Vous me le rendrez plus heureux encore, que je ne l'aurais su faire. Prenez-le, et avec lui tout mon bonheur : Je vous les offre !

».... Mes déchirements, mes sacrifices, mon avenir de tortures, tout cela n'est rien ! Sa conversion d'abord ! Mon cœur ensuite ! »

... FAIS-NOUS UNE CHAPELLE !...

« Il faut que tu fasses, ma tendre chérie, — avec ton âme,
ton cœur et tes doigts roses, — une chapelle très jolie. — Tu
choisiras cette pièce si douce de notre maison où, poète, je
travaillais pour toi, ma muse adorée !...

» Cet amoureux sanctuaire sera vide de tout objet profane,
et tu sauras y recéler, tel qu'en un musée précieux, des choses harmonieusement divines, afin que Dieu y vienne, pour
t'y consoler !

» Tu sauras choisir l'autel de bois vermeil, la nappe d'am-
bre, et les flambeaux mystiques et rigides, qui seront le re-
posoir du grand Christ très douloureux, que tu déposeras
dans un pêle-mêle de fleurs et de baiser !...

» Les murs, — je les vois, — seront gris et roses, comme tes cheveux et ton visage, — et la lampe de carmin qui vacillera, ardente et perpétuelle, sera la sœur de tes lèvres dévotes, qui prieront sans cesse !

» Comme il fera bon t'unir là, ma chère petite sainte, à notre Dieu immense, — et comme nous serons joyeux, tous trois réunis !

» Il y aura aussi des bancs de hêtre, des bancs alignés comme des champs de maïs. Cela sentira bon l'encens, et les vitraux jaunes et roses tamiseront le jour insulteur qui nous trahirait.

» Ce sera notre nid d'amour, veux-tu ? Notre rendez-vous de printemps, notre palais mystérieux; et lorsque des épines s'enfonceront, plus profondes dans ton pauvre cœur d'épouse blessée, tu viendras là, bien vite, pour que je te les ôte !

» Que ton imagination féconde et liturgique compose, ma chérie, la chasuble de soie, de pierres, et d'or, qui doit servir au grand sacrifice, car le Seigneur descendra un jour chez toi, petite sœur. — Oui. Il viendra s'immoler dans ta chapelle, — et tu connaîtras le privilège incroyable de recevoir, comme les disciples d'Emmaüs, ce voyageur sacré qui fut toute ta vie, et qui sera toute notre éternité !...

» Il viendra!.. et ce sera dans une aube naissante, quand tout reposera encore dans ta demeure qu'Il se livrera, plein de gloire sur ton autel, pour toi,... pour toi seule. O Sainte femme, incommensurablement riche, qui — perdue dans ton contentement divin lorsque l'hostie neigeuse s'élévera dans le ciboire de sang — ne saura plus reconnaître si c'est Lui qui est descendu près de toi, ou toi qui es montée près de LUI!

» Ta voix séraphique, ma blanche aimée, devra répondre aussi aux oraisons du sacrifice; — ta voix qui sera pour Jésus un roucoulement de tourterelle, car tu trembleras beaucoup, en disant le latin que tu connais à peine !

» N'oublie pas l'eau sainte, dans la coquille nacrée, où ta main discrète ira chercher le cristal bénit, qui purifiera ton front, ton cœur, et tes frêles épaules. Il faut être si pur pour entrer chez Dieu !

» Enfin, sur les murailles rectangulaires, tu apposeras l'émouvant chemin de la croix, que tu parcourras souvent, contrite, respectueuse, et reconnaissante !

» Nos trois cœurs réunis et pareils suivront alors le même calvaire, mais tour à tour avec le grand Divin, c'est nous qui porterons ta croix !

» Qu'il en soit ainsi, ma Tendresse... Ainsi-soit-il ! »

Chapelle de la Nativité. 3, rue V...

DANS MA CHAPELLE

Je ne crains plus la vie...,
J'ai une chapelle.

La pénombre langoureuse sur les choses se glisse. Le calme dans mon cœur pénètre ! Les agitations tumultueuses de la vie ont cessé....

C'est l'heure tranquille, où je viens dans ma chapelle les retrouver !

... Ils y sont déjà, ils m'attendent... Pourtant l'angelus placide n'a pas sonné ce soir encore, Dieu paternel, — Emmanuel, mon amant de pureté...et dans le ciel, restent toujours des traînées de printemps bleu !

Mes lèvres, pour psalmodier, ne remuent même plus, dans ce tombeau rose où mes paupières recouvrent obstinément ces deux lumières de cierge, que sont mes yeux !

Agenouillée, humble, pour vous approcher, présences sublimes d'au delà, mon front s'est incliné ; les fuseaux de mes doigts s'enlacent nonchalamment, et je demeure ainsi, si loin du monde et si près de vous, — Dieu et toi, mon Emmanuel éternel, — que j'ai la sensation d'être morte, et de vous sentir vivre !

Dans ce silence plein de musique j'aime à me taire longuement ! Alors tu passes tes mains d'innocence et de rêve sur mes épaules, mon céleste chéri, et ton contact invisible me donne presque déjà la félicité du royaume où je partirai vers toi recevoir la couronne immortelle !

Ce ravissement devient du respect ; ce respect, de l'adoration ; cette adoration, de l'amour !... Et dans ma plénitude ineffable, je pense avec pitié à ceux de la terre qui croient au bonheur de la vie !

Mon Dieu—et mon si grand Disparu,—je ne sais plus pleurer, tant vous avez transfiguré ce soir ma douleur ! Et dans notre obscurité radieuse, où brille, seule, la lampe plafonnière, — timide et douce, — comme un pétale de cyclamen, brille surtout la flamme incandescente de la joie divine, que j'irradie !

O mort ! Pourquoi t'en voudrais-je ! Tu ne m'as pas volé ma tendresse, tu me l'as simplement reprise, pour me la mieux redonner !

Mais voici encore la terre qui vers moi s'en revient... Oui j'entends des pas ; on va violer la tombe où nous.nous étions si délicieusement ensevelis tous trois !...

Ah ! vite que revienne l'aurore diaprée pour que je vous retrouve à nouveau, Seigneur Dieu, dans le tabernacle,— cette prison, cet écrin, cette pulpe, dont vous êtes le captif, la perle et le fruit ! tandis que les deux âmes de vos enfants se griseront l'une de l'autre, comme deux rossignols le font de leurs chants limpides, nocturnes, et voluptueux.

CE QUE DIEU FAIT !

*C'est de la souffrance
que renaissent les plus
grands bonheurs.*

Lorsque je m'appelais encore sa femme, chaque battement de son cœur était mien ! — j'avais tous les droits de coquetterie possibles, et pour le charmer sans arrêt je ne sais ce que mon esprit féminin n'aurait conçu, telle une épousée au lendemain de ses noces !

Il me voulait gâtée comme un enfant, qui ne touche qu'à des choses heureuses !

Depuis, tout est retourné sur ma route, dans ce passage qui me conduit à l'éternelle paix, et j'ai dû faire connaissance des choses prosaïques de la vie ! J'ai compris que maintenant je n'étais plus qu'une isolée — mot très cruel qui me fait mal, et que je médite, soumise, parce qu'il me faut gagner péniblement mon ciel.

Le bel acte amoureux dont je fus l'héroïne pendant dix-sept années s'est accompli : mais il suffira à colorer le reste de mes heures, — jusqu'à celle qui doit me tuer !

Plus de luxe, plus de joie, plus de baisers, plus de parures ! — Les saintes veuves ne sont pas des vierges folles ! Mon front enserré dans le crêpe enserre lui-même les pensées pieuses et pures qui seules m'occupent, et mon cœur, qui porte le souvenir de mon tendre absent, se cache dans les noires étoffes qui me revêtiront, jusqu'à ce que j'aille m'habiller en diamant, dans le ciel !

Tous ces adieux aux séductions du monde ne m'ont point coûté de regrets, puisque rien n'existait pour moi, en dehors de mon cher tant Aimé, et mes coquetteries à venir seront d'être pauvre, simple et modeste !

Mon Dieu, quelles choses étonnantes vous faites, avec des cœurs, des âmes, et des bonnes volontés, et que ceux qui ont une vision spirituelle comprennent donc bien vos prodiges !

Vous m'aviez donné vingt ans, et des dons, pour qu'avec eux je chérisse joliment celui qu'il fallait vous ramener !... Vous vous êtes servi de mes faiblesses et de mes obscurités pour apporter de la force et de la lumière à cette âme virile, à cette intelligence au-dessus de toutes les autres, tandis que vous me faisiez apprendre la noblesse et la droiture, au contact de ce cher et sublime éducateur ! Vous m'aviez permis, enfin, d'être une femme adulée, cependant que vous me gardiez, comme une pauvre clarisse, austère, détachée. — Et lorsque le bonheur s'en est allé de ma maison, j'ai pu, en souriant, le regarder me fuir, parce que je vous savais près de moi !...

N'est-ce pas très beau tous ces divins agissements d'un Créateur, qui réserve pour chacun de nous des secours si différents et des récompenses si certainement généreuses ?

Les fleurs donnent des parfums divers ; chaque âme embaume à sa façon. Tous ces arômes terrestres montent avec l'encens de nos églises dans la béatitude où ils trouvent Dieu; et rien n'est perdu pour ceux qui savent souffrir, avec l'abandon des roses qui s'ouvrent, et des oiseaux qui chantent, sur le désir de leur Rédempteur !

LETTRE D'AMOUR POSTHUME

Mon Emmanuel, je t'aime !

Deux fiancés viennent auprès de moi de s'étreindre, et d'autres de se regarder dans l'ombre ! Toutes ces amours-là seront passagères, je le sais, et l'enivrante Maïa, pour eux, s'estompera bien vite !

Oh ! que nous sommes riches en amour, riches infiniment, auprès de leurs tendresses chlorotiques ! Elles ne seront pas durables, les leurs, parce qu'elles sont impures, tandis que les nôtres, mon amant chéri, auront une renaissance perpétuelle, puisqu'elles sont célestes.

T'aimer me donne un divin sommeil de paix, tout en même temps qu'une flamme de bonheur qui monte parallèle à la tienne, de nos âmes en paradis lumineux.

Et c'est à nouveau un grand calme biblique, qui descend de ton être dans le mien, car le tien plonge dans celui de Dieu.

Comme c'est bon, l'oubli du peu de chose qu'est la vie !

Tu m'appelles ta Tendresse, je t'appelle ma force ! — Tu me regardes comme un charmant souvenir, je te contemple comme une espérance nouvelle ! Tu n'oublies pas complètement la terre, parce que j'y suis restée ; moi, je ne pense qu'au ciel où tu te trouves !

— Tu ne désires plus rien enfin dans la possession de ton éden, non rien, n'est-ce pas, hormis le fou bonheur de voir arriver dans ton paradis cet atôme formidable que tu appelais la meilleure partie de toi-même !

Un jour, mon seul Trésor, — un jour enchanteur, — quittant l'obscurité et le vide, j'irai en effet chercher, radieuse, dans l'au delà, celui si parfait auquel Dieu m'avait apairée !

Emmanuel !... Emmanuel ! !... Que j'aime à redire tout bas mille fois ton nom dans mes silences !... Il est ma torture, il est ma croix, mais il est aussi mon soleil et mon espoir.

Au milieu de tes délices suprahumaines, parles-tu à notre Dieu de cette petite reine fragile et terrestre que tu as laissée, et qui s'occupait si souvent de Lui ?...

Puisque, aujourd'hui, il me plaît de t'écrire, laisse que mon âme inscrive encore sur cette feuille de tendresse le pardon que j'implore !

J'ai péché, mon Perpétuel Souvenir ! Oui, j'ai péché grandement, contre le Sauveur et contre toi,... car j'ai beaucoup pleuré ! Je n'aurais pas dû, n'est-ce-pas ?—Je t'ai fait du mal? — Oh ! pardon ! Ma douleur de t'avoir vu mourir était telle, que, si mon visage navré ne s'était incliné sur l'épaule du Maître, je serais morte, l'instant d'après toi ! Parfois, encore, j'ai des faiblesses, mais dis au Christ que ni la révolte, ni la désespérance ne se mêleront jamais à mes larmes, et que, si je faiblis, c'est que je me souviens de tes souffrances monstrueuses, et non des miennes abominables !

Ah ! mon Amour... mon Amour charmant et mort, mon Amour si troublant et si calme ! Mon Amour unique, mon Amour parfait !.,. je t'aime plus que je ne t'ai jamais aimé !..

Le jour où tu t'es endormi pour si longtemps était un nouveau jour de fiançailles pour nous, et ma main embrasée dans ta main de marbre a refait un pacte cent fois plus puissant et plus durable encore que le premier !

Oui, des promesses toutes neuves ont été échangées entre nous, mon mort tant chéri. Je t'ai juré fidélité, fidélité complète et virginale, et c'est seulement quand je quitterai l'incolore existence, que notre amoureux mariage se célébrera réellement, car cette fois il sera triomphant, éternel !...

Oh ! que mon envolée vers toi sera radieuse ! Le plus beau jour de mes jours !

A jamais mon Emmanuel, à là-haut, à maintenant, à sans cesse !...

Te souviens-tu ? On avait dit de moi : cette femme n'aura qu'un amour, — mais un amour infini !... C'était vrai ; seulement... on avait oublié Dieu !

Le Cœur de notre rédempteur sera le chariot d'Or et de Flammes, sur lequel je monterai et me glisserai près de toi, dans une sérénité et une revanche que nous n'épuiserons jamais !

LE MOT ÉTERNEL

L'entendre une fois sur terre, mais le redire per-pétuellement près de Dieu !

Avez-vous remarqué, âmes qui souffrez à la façon de mon âme, combien certains mots, certaines sonorités vous rappellent, avec de cruelles ou d'adorables précisions, les souvenirs d'antan ?

Il suffit que nous écoutions à nouveau quelques phrases entendues bien loin dans le passé, — tristes ou joyeuses, — pour que tout de suite nous revivions au moment et à l'endroit même où elles nous furent la première fois chantées ou pleurées.

Dussé-je vivre cent ans encore, je garderai toujours prisonnière en mes oreilles l'intonation enamourée qu'exhala la lèvre, volontaire et douce, de mon Bien chéri, lorsqu'il m'avoua son amour !

Comme une Marion de jadis, je jouais en sourdine un menuet de Lulli sur une guitare du vieux temps, et lui, plus poète que jamais poète ne le sera, se tenait debout, légèrement incliné, tel Musset, une nuit d'octobre !...

Mes yeux se fermèrent de douceur et d'enivrement, pareils au jour premier —. O chasteté infinie !... où je fus admise à la table sainte, et il me sembla qu'un chant envahissait l'air que je respirais, — comme se répand dans un jardin l'odeur des orangers, lorsqu'il vient de pleuvoir !

« Je serai à vos pieds de Madone, petite Lène ; vos yeux étincelants et calmes affadiront pour moi toutes les étoiles tremblantes du ciel, et vos saintes lèvres, ma fiancée, seront le tabernacle de mes secrets ! — Je vous respecte, virginale amie, à un tel point, que je n'ose vous approcher, car je sais des fleurs que nul ne peut toucher, et parfois, je vous confonds avec elles !

» Un flocon de neige paraîtrait à peine blanc, posé sur votre front, tandis que le corail et la fraise nouvelle envient le rose de vos joues enfantines !

» Hélène, mon âme,... Hélène, toute petite et si grande,... Hélène, ma mie,... Hélène,... je t'aime !.....»

Ah ! ce premier mot d'amour, uni à ce premier tutoiement,

comme Dieu unit une aile à une autre aile, pour en faire un papillon !...

Musique sacrée ! Harmonie tellement complète... Rythme endormeur, savoureux en même temps qu'embrasé ! — Thème bien court, qui est toute une romance! Mot aussi inattendu qu'attendu,... qui efface tout le génie de Beethoven, et le charme morbide de Chopin !... Vibration rapide, qui fait frémir d'émotion et de joie une existence entière... Oui vraiment, tu reposes dans mon âme, mot inoubliable, — comme un insecte repose au fond d'un volubilis, pour y fredonner son refrain de printemps, et je te respecte à mon tour, brève parole, prononcée un soir afin d'enchanter toutes mes minutes jusqu'à l'achèvement !

... Je te respecte, parce que tu fus dite sans impudeur, et écoutée par deux adolescents, qui s'en allaient s'unir dans la vie,... jusqu'au ciel !...

... Je te respecte enfin, parce que tu fus une chose splendide, et que tu vins naître devant ce Christ si malheureux qui étendait ses bras cloués comme pour nous bénir !... Il nous souriait, malgré son martyre et c'est à cause de cela que notre union demeura unique, de charme, de constance et d'intensité !

Le violon est un cœur, sur lequel se promène un archet ; la harpe, une toile arachnéenne que traversent des souffles d'été,... mais la voix de mon Emmanuel fut ce soir inoubliable,... une conclusion de toutes les harmonies ensemble, un résumé de tous les célestes bruits de la nature, de toutes les déclarations amoureuses possibles, de tous les charmes mystérieux des Sirène, une façon à Dieu de dire à sa créature,... qu'il y a un créateur ! ! !

Seigneur !... quand j'arriverai là-haut, est-ce d'abord lui que j'entendrai me redire ce *mot* si doux, derrière la tenture des nuages qui me le cacheront encore pour quelques instants ?... Ou bien est-ce moi qui la première, cette fois, irai dans cet autre monde merveilleux et féerique lui moduler cette berceuse éternelle ?... Vous seul le savez !...

Mais je crois bien plutôt que nous chanterons ensemble ce duo de joies débordantes, dont vous aurez été l'auteur, — plus que nous-mêmes, — et qui en serez l'ineffable ordonnateur,... immortellement !

JE TE RESPIRE DANS LÉS FLEURS

Les fleurs, les fruits,…
c'est un peu de Dieu.

Veux-tu que nos âmes ensemble et pareilles reparcourent à nouveau ce jardin splendide d'autrefois ?

Les œillets d'Inde avaient un parfum tout en or, et les pétunias étaient de petites coupes de vin rouge !... Comme nous nous aimions, te souviens-tu ? sur cette prairie d'herbe nouvelle, lorsque j'avais vingt ans, et que je ne savais pas encore t'embrasser !

... Nous marchions dans de la poussière bleue, puisqu'il y avait des myosotis à profusion, et je m'arrêtais toujours, devant le nénuphar de la fontaine : c'était un cœur d'albâtre, avec de la lumière dedans ! Puis, nous prenions l'allée des Tilleuls, où des milliers d'abeilles bourdonnantes voletaient jusque dans nos cheveux, — toi brun, moi blonde, — et nous ne savions plus si nous étions ivres de parfum, de chant, ou d'amour !

» Comme les miens doivent te paraître mornes et sans attrait, puisque tu as vu ce Dieu !... Pourtant ne m'assurais-tu pas qu'ils étaient devant toi plus charmeurs et plus troublants que des cieux orientaux ?...

» Tu les regardais par en dessous ; maintenant tu les vois d'en haut, car autrefois tu étais à mes genoux, alors qu'en cet instant, c'est moi qui suis aux tiens ; et c'est là, je crois bien, tout le mystère de ce mystère !

» Oui, mon regard était jadis ton horizon ; — le tien est en ce moment mon oasis de fraîcheur ! Tu voyais en moi une flamme céleste ; c'est Celui qui est, que je contemple dans tes paupières qui me fixent, en cette minute splendide ! — Oui, c'est bien l'Éternel, qui transparaît à travers toi, jusqu'à moi, et son calme divin m'apaise si ravissamment, que j'ai la nostalgie de ton ciel tout rempli de quiétude et de repos ! »

Firmament féerique, voûte criblée de regards heureux, aie pitié de la pauvre et faible lumière que mes cils recouvrent, — car j'ai des rayons, moi aussi, mais ils sont enfermés dans mon âme, et c'est encore en baissant les paupières que je t'envoie le plus de clarté ! Merci ! Oh ! merci, nuit d'étoiles cristalline et consolatrice ! Tu m'es plus suave à contempler que ne le furent jamais les folles pierreries de mon coffret précieux, — jouets de femmes désenchantées.

Tes merveilles prestigieuses m'imprègnent de mysticisme ; ton charme religieusement me fascine ; tu me rends sainte, tu me rends pure, parce que je me sens regardée par Dieu et par lui !

Tout cela est un indéfinissable ravissement, dont ma solitude s'enivre. C'est immense, beau, placide,... et la lune de nacre seule est admise à partager mon ivresse divinement humaine, pendant que mon ami adoré goûte, là-haut, une ivresse humainement divine !

Echange extraordinaire de deux regards qui s'aiment, sous le regard de Dieu ! Enivrement très chaste de deux âmes submergées par l'âme du Grand Tout ! Tendresses capiteuses et sensuelles, transformées dans ce lac de pureté, qu'est le cœur de l'Immense Infini.

Nuit inoubliable... tu m'as donné tout cela ce soir ; je te bénis ! Etends bien sur moi ton manteau de velours bleu sombre, afin que je ne perçoive plus ce qui est brutal, ce qui est vulgaire, car j'ai trop goûté cette heure, pour revenir à la terre !

Que ne suis-je une phalène, ou l'une de ces chouettes peureuses, dont la vue s'en va avec le jour qui vient !...

JE TE REGARDE DANS LES ÉTOILES

*Je l'ai vu, dans le ciel,
me sourire !*

La nuit est, ce soir, un grand manteau de velours bleu sombre qui m'enveloppe, — plein de brillants, de topazes et de constellations, — et je cherche avec avidité dans ces lumières sidérales les chers yeux qui reflétaient, comme un miroir de fidélité, mes mélancolies ou mes gaietés d'amoureuse.

Oh ! surprise stupéfiante,... émotion trop forte... Voici que je reçois soudain sur mon visage, mon cou, ma poitrine, tout mon être, cette vision frôleuse et câline, dont pour moi seule il avait le secret... Minute inoubliable, où, jusqu'au fond de moi, s'insinue un recommencement de ce qui fut notre indescriptible amour !

« Ne crois-tu pas, Tant chéri, que nos yeux s'embrassent ?

Nous arrivions alors, et sans le savoir, à cette tonnelle si Dix-Huitième où la vigne grimpait extérieurement et folle, jusqu'au dôme de ce temple charmant, pour retomber à l'intérieur en grappes luisantes, dorées et juteuses !

Tu m'en cueillais une, — la plus belle, — et tu m'embrassais autant de fois qu'il y avait de grains. Ou bien encore tu prenais de tes lèvres dans les miennes un de ces bal.. es minuscules qui éclatait, gonflé à l'excès par ce liquide sacré, qui allait devenir le sang du Christ !...

Souvent ainsi nous communiâmes, double communion d'amour, réunion de tout ce que je pouvais adorer de plus beau au ciel, et aimer de plus doux sur terre !

Enfin, prenant des feuilles, des fruits, et des feuilles encore, tu accrochais toutes ces merveilles pastorales à mes oreilles trop petites, et tu regardais, souriant et amusé, cette bacchante que tu avais choisie entre toutes, parce que ses yeux veloutés étaient partis dans ton âme... un soir !

Il y avait aussi beaucoup de giroflées qui embaumaient, et nous prenions plaisir à jaser de petits riens qui sentaient bon, comme des fleurs... Tu disais : — « Le thym, la menthe sauvage et le romarin sont évocateurs de douces forêts silencieuses, où il y a des lapins que l'on ne peut pas toucher, des biches qui vous regardent comme des femmes pudiques, et des fourmis travailleuses,... qui vous donnent des leçons de patience, de courage, et de philosophie ! »

Alors je répondais :

« Dieu fait les roses rouges pour les beautés brunes, et les vierges blondes pour les roses ! »

Et tu reprenais, observateur minutieux : — « L'héliotrope, la violette et l'iris ont des couleurs et des parfums qui se ressemblent... »

Et moi, toute imprégnée de ciel :

« Il y a des fruits qui sentent les fleurs, et des fleurs qui sentent les fruits, selon les caprices de Dieu. »

Et ensemble nous pensions :

« Il faut que la pluie tombe sur les arbres des bois, pour qu'ils exhalent leurs parfums, comme il faut que l'âme féminine pleure pour qu'elle donne toute sa saveur ! »

Et nous nous attardions encore, et toujours dans ce palais floral, avant d'aller nous asseoir côte à côte, à la table très petite que l'on nous dressait, — sous les platanes centenaires de ce jardin immense, en couleur, en odeur et en harmonie ! Pourtant, que la grandeur de ce parc nous semble restreinte, à côté de celle de notre amour !... Le monde n'avait-

il pas commencé seulement le jour où nous nous étions con-
nus ?

Ensuite, le soir tombait avec langueur et nonchalance. Les
fleurs encensaient maintenant l'air nocturne, comme on en-
cense le Saint-Sacrement dans les processions de Juin... Puis,
tout reposait enfin dans la nature apaisée, hormis ces relents
de parfums surchauffés et troublants, — qui montaient de notre terre à notre Dieu !

ANNIVERSAIRE

*Jour de naissance ou jour
de mort, qu'importe, quand
on croit en Dieu !*

C'était hier l'anniversaire de notre mariage : ce sera demain l'anniversaire de sa mort ! Et je ne saurais en vérité éprouver la moindre amertume, pour célébrer dans ma douleur l'un ou l'autre de ces deux jours qui me sont sacrés !

Anomalie étrange, exigence grotesque, aveuglement, aberration !... Des quantités de femmes en noir se révoltent, s'aigrissent, lorsqu'elles voient monter près de vous, mon Dieu, leurs très aimés ! Quelle folie ! — Ne quittent-ils pas, ces chers morts, le médiocre bonheur qu'elles leur offraient, pour le bonheur parfait que vous leur donnez ?

Pourquoi donc, amoureuses intéressées, incompréhensibles accapareuses, oubliez-vous à ce point la bonté divine, et intervertissez-vous toutes les œuvres célestes ?...

Était-il à moi, celui qu'un soir le Maître de tout a pris, par la main, pour le guider jusqu'au milieu de mon cœur ?

Sont-ce mes charmes insuffisants, mes mérites restreints, ma volonté précaire, qui ont pu forger cette chaîne farouche, — mais plus suave que des baisers, — et qui s'est enroulée à nos deux poignets un matin de mars, devant un autel de camélias blancs,... dans une église de lumière.

Etaient-ce mes coquetteries ingénieuses et répétées, qui eussent suffi à lui cacher la vieillesse qui descendait lentement, — mais obstinément sur ma tête, comme une voilette de cendre ?

Etait-ce mon imagination sans cesse active, qui eût composé ce renouveau d'amour quotidien qui dura dix-sept fois un printemps, en augmentant au fur et à mesure qu'il devait diminuer ?

Etait-ce moi qui trouvais seule ces mille riens qui le divertissaient comme un écolier à son premier voyage, et le faisais sourire malgré la souffrance ? — Etait-ce enfin ma fragilité, — dites-le moi, mes compagnes de crêpe, — qui a été la victorieuse de cette affreuse satiété, méchante ennemie qui frappe sans pudeur aux portes de tous les foyers ?...

Allons donc ! C'est Dieu qui m'a tout donné, tout gardé, vous dis-je, et lorsqu'il m'a tout repris, après m'avoir permis un bonheur aussi splendide et aussi constant, n'aurais-je

pas été odieuse d'en vouloir à un prêteur tellement généreux ?

Hélas ! combien d'entre vous, mes pauvres amies endeuil-
lées, réfléchissent peu ! Combien comprennent mal la bonté
de Celui qui n'est que bonté !... Il est pourtant le seul qui
pourrait vous donner l'endormement de vos tortures, et l'at-
ténuation de vos déchirements !

Le Beau, le Compatissant, vous aurait-il vraiment ajusté le
cœur à un autre cœur, pour une séparation éternelle ?...C'est
l'impossible, cela ! Il a bien ajusté à la divine sienne nos
âmes eucharistiques,... et vous savez que nous devons toutes
mourir, mes sœurs, pour aller vivre en Lui !

Oh ! par grâce, pour votre Dieu qui est votre unique gué-
risseur, — pour vous qui n'en pouvez plus, — pour vos adorables ensevelis qui vous regardent et qui vous attendent, —
ne perdez pas ainsi le mérite plus que précieux de vos épreu-
ves !... Prenez entre vos mains suppliantes le présent et l'a-
venir ; faites-en deux bouquets, l'un de fleurs, l'autre de
fruits, et offrez-les ensemble à Celui qui ne vous devait rien,
mais à qui vous devez tout: vos joies si heureuses et vos souffrances si utiles !

Mes chères intimes, ne doutez pas, — je vous en supplie, —

que les amours immenses qui se sont commencées ici ne peuvent se terminer que là-haut ; que vous ne retrouverez vos fiancés éternels que si vous savez courageusement les perdre, et que plus votre révolte sera intense, plus vous troublerez la paix enviable de vos morts chéris !

...On peut, et on doit passer sur la terre en souriant quand on songe au ciel d'où l'on a pris son vol,... et vers lequel on s'en revient !...

LE BANC DES SECRETS !

Nous serons bien ici... C'est là le banc de nos premières amours!...

Ecoute,.... n'est-ce pas le même chant, du même oiseau, qui faisait taire nos babillages d'enfants, et redoubler nos baisers silencieux ?

L'air est aussi limpide aujourd'hui qu'autrefois... C'est la saison des nids, mon tendre Cher, — la saison bleue, qui me fait si mal, dans cette allée, où le soleil dore les mêmes herbes qui bordent le même ruisseau ! Que tout cela est donc créé pour le bonheur !

Ah ! je devrais fuir ce bois trop imprégné de souvenirs, de joies éperdues, d'excitantes sensations amoureuses ; je devrais poser mes mains devant mes yeux remplis de chagrin, et je devrais mourir !

Mais d'où vient, ami, que je veuille rester, au contraire, emprisonnée dans ces ramures odorantes, en ce jardin tout mélangé d'ombre et d'aubépine, qui est bien pourtant celui de Gethsémani pour mon âme déchirée !

C'est, je crois, par l'espoir intensif d'y retrouver toutes nos visions disparues, si souriantes, et d'y renaître avec toi, mon Emmanuel béni !

Ne regarde pas tout de suite, veux-tu, celle que tu as tant regardée ! Son visage est tout troublé encore, et sa bouche, comme une Belle de Nuit, se ferme d'émotion devant le jour qui étincelle ! — Pose seulement ton bras, mi-déplié sur mes épaules, en laissant tomber ta main négligente jusque sur mon cœur ; ton bras nerveux et viril qui est plus souple et plus chaud à mon cou découvert qu'un boa de plumes blanches ! Et demeurons ainsi,... tous deux,... tout près, cher Invisible,... en ne parlant plus que des douces beautés du ciel !...

Tu vois, ma souffrance déjà s'endort... Il fait si bon avec toi, devant Dieu, loin de tous !

Personne dans cette charmille ne vient troubler notre trio sacré ; il n'y a que des chardonnerets sur nos têtes, et un peu d'eau claire à nos pieds. Viens là, mon fiancé, mon frère, mon Emmanuel à moi, — que Dieu me prête encore !... Oh ! oui, là, — nous serons si rapprochés l'un de l'autre, que dans son paradis notre Maître nous croira seuls, toi ou moi !...

Qu'il te souvienne. C'était exactement ici que tu modulais avec ton affinement si délicat de poète si troublant ces suavités inoubliables qui de ma mémoire ne s'effaceront plus.

Oui, c'était bien ici, et là encore, que tu me séduisais de tant de jolies façons, en laissant glisser de tes lèvres écarlates à mon oreille rosée des fredonnements exquis, — que je confondais avec le chant des grives... dans l'éther !

Mais notre amour était trop fort pour qu'il se puisse mièvrement exprimer, et nous retombions dans la beauté d'un silence grave, sans fond, sans contour, où nous nous perdions avec enivrement, comme tu dois te disperser maintenant, — dans l'Impondérable Eternel !

Ah ! laisse... que j'oublie tout,... tout ce qui n'est pas ce que j'éprouve, en cet instant de ressouvenance adorable et de réalité revenue ; tout ce que j'ai vécu depuis que nous avions quarante ans à nous deux !... Laisse se pencher tout à fait ma tête, et se fermer complètement mes yeux sur ta poitrine !... Je retrouverai ainsi tant et tant d'impressions qui me seront des trésors !

Oui, c'était comme cela,... tout pareil. Il y avait juste la place de mon front sur ta joue printanière qui reposait presque sur mes cheveux de petite fille... Et puis, tu fermais aussi quelquefois ton regard méditatif, car il se mélangeait souvent à tes tendresses de grandes, grandes réflexions. Penseur chéri !

N'est-ce pas que nous aurions pu alors quitter le monde, malgré tous ces mirages, et que c'eût été sans remords ni regret ?

La belle façon de prier Dieu, Emmanuel, et combien nous avions la sensation de sa puissance inouïe, par la puissance extrême de notre amour.

Fallait-il qu'il fût magnanime, qu'il fût généreux pour nous combler de telle sorte !

Ah ! qu'il faisait donc beau dans nos âmes ! Il faisait plus beau que dans l'azur encore, et le Seigneur devait sûrement venir se reposer en nous, car les hirondelles nous entouraient sans aucune peur, comme les fidèles approchent le Sacrement précieux, sans aucune crainte !

Une tourterelle envieuse voulait toujours surprendre nos secrets; je crois qu'elle devait être jalouse de tes baisers,... tandis que des ramiers venaient se suspendre dans les arbres les plus proches, — pour se becqueter, — simplement !

Amour charmant et universel de la nature, pépiement
d'oiseaux, chants de sources fraîches, frôlement duveté d
l'air plus doux à toucher que des gorges de cygnes. Tout cel
s'en retournait à Dieu, dans de la joie et de la pureté,... e
lorsque les heures qui s'avançaient trop vite nous forçaien
à quitter ce banc de mousse et de tendresse, il nous fallai
souffrir si fort pour reprendre la vie !

O ciel,... ciel infini, réceptacle de ravissement, de repos e
de félicité réunis, c'est toi tout seul qui me redonneras c
que j'ai perdu pour ne plus jamais le reprendre, lorsque Die
m'aura refermé les paupières et ouvert son Cœur !

Les minutes d'aujourd'hui, comme celles d'hier, fluide
ment s'écoulent; les insectes peu à peu se taisent; ils m
préviennent que le soleil va passer.

Au revoir, ami... Je savais bien qu'ici je t'aurais retrouvé
comme je sais aussi, et plus encore, qu'un jour de gloire e
d'apothéose je le reposséderai intégralement !... N'en est-c
pas assez pour que j'attende, docile, patiente et sereine, l
dernier battement terrestre de mon cœur inconsolable ?

OFFENSÉ

As-tu entendu, mon tendre chéri, les sacrilèges paroles
que tout près de moi on a osé prononcer ?

Des humains ont murmuré à mes oreilles : « Hélène,
vous êtes si jeune, vous êtes si seule. Il faut revivre, il faut
encore aimer !

— Taisez-vous, esprits ignorants et vulgaires, âmes su-
perficielles, puisque vous ne savez rien de nous ! »

Mon poète adoré, pardonne-leur, ils ne savent ce qu'ils
disent ! Ils ignorent que je suis tienne, bien davantage que
jamais ; que ma folie pour toi ne passera pas plus que Dieu
même, et que notre tendresse infinissable a continué plus que
toujours, lorsque tu as passé de la terre aux cieux !

Dis-leur qu'à l'instant où l'on déposa ton corps que je
vénère dans ce linceul de satin blanc, on a aussi déposé mon

cœur dans un écrin de velours noir, que toi seul, uniquement seul, tu dois rouvrir un jour, pour l'offrir à notre Dieu !

Dis-leur aussi, pour les divinement renseigner, que pas une de mes pensées, pas un de mes rêves, pas un de mes désirs, ne sont pour d'autres que pour toi, et que moins je te vois, moins je t'oublie ; que les jours, les heures qui se glissent, ne glissent aucun voile sur mes yeux mélancoliques qui te regardent partout ; que mes lèvres restent froides encore de l'effroyable et dernier baiser que je t'ai donné, tandis que mes mains sentent toujours la tiédeur de ton visage qui se penchait pour les couvrir de baisers, le premier soir où tu me vis ! — Dis-leur que je suis imprégnée de toutes tes supériorités grandioses et uniques, au point de ne plus croire que tu n'es plus !

Dis-leur bien que chaque minute me fait comprendre davantage tes vertus saintes, exceptionnelles et si précieuses, qui m'étaient un trésor inépuisable !...

Ah ! par grâce, dis-leur, mon adoré, qu'ayant vécu près de toi, je ne puis plus vivre maintenant qu'auprès de Dieu !...

CLAIR DE LUNE

Clair de Lune,
ombre d'amour !...

Bonsoir, clair de lune mystérieux et troublant ! Que de fois à ta lumière de jade ne sommes-nous pas venus nous promener, avec Dieu dans tes rayons !

Tu remets un peu de couleur sur les choses de la nuit, — très peu, — mais tu rendis toujours tellement plus poétiques les sentiers où nous passions, abandonnés l'un à l'autre !

Je te vois ce soir qui me fixes obstinément, sans méchanceté, et tu accueilles mon regard mélancolique, plus chercheur que jamais, du sourire qui s'est effacé ici pour s'épanouir là-haut !

Tu fais parler à voix basse ceux qui s'aiment tant, et moi, qui suis seule à mon balcon, je rêve plus silencieuse aussi au temps où j'étais deux !

A quoi penses-tu ?... Astre que j'envie, parce que tu es à mi-chemin entre ciel et terre ; beauté calme que j'affectionne, parce que, dans l'obscurité propice aux épanchements de l'amour, tu viens déposer un peu de ciel dans nos tendresses !

Je mourrai comme toi, je deviendrai blanche et glacée comme toi, lune insidieuse de *Werther* et, comme toi, je serai la chose soumise que le Seigneur dirigera à sa fantaisie, pour sa gloire et son amusement divin !

Mais toi, gros globe impassible, qui ce soir es d'une telle beauté,... dis, à quoi penses-tu ?... Je t'écoute, plus attentive qu'une sainte dans sa niche de pierre, plus émerveillée qu'un enfant devant un ballon d'argent ; jalouse comme une femme, religieuse comme une béguine ; impressionnée et ravie par ta splendeur froide, désintéressée,... mais si prenante !...

« Ame terrestre et pitoyable ! Je pense que ta planète est l'astre-douleur de Dieu, tant y pullulent de vilenies, et que ceux qui la quittent sont des très heureux ! Je pense aussi que sur ce monde souillé ceux qui pleurent leurs morts sont des égoïstes, et que ceux qui se révoltent sont des incohérents ! Je pense enfin que certains cœurs purs et généreux sont bien utiles pour compenser les tristesses du Maître : Ce sont ceux-là qui, ayant été séparés, ont dit : *Fiat !*... qui, ayant été isolés, ont dit : *C'est bien !*... qui, ayant perdu le bonheur, ont dit : *Quand même !* »

...Tanit, ma charmeuse, mon apaisante, en mes jours heureux, je te préférais l'astre d'or. Cette nuit, c'est toi qui me plais et que je veux, car tu sais me dire ce qu'il me faut entendre ! Tes clartés discrètes et réfléchies ne me blessent pas, elles me bercent au contraire, et me préparent au grand repos dont Christ Jésus est venu me montrer le chemin.

Comme tu es belle, mon imposante, et comme tu as bien su mourir pour la gloire céleste, et pour nos cœurs qui t'aiment, amis, des amoureux amis ! .

Tu sembles inerte dans ta royale magnificence; pourtant, voici que dans la haie tu viens de lancer des étincelles gris pâle, qui se confondent avec les vers luisants, tout en même temps que sur l'eau du bassin tu viens d'ouvrir cet éventail pailleté, allongé et tremblant, qui ressemble tellement à celui que je portais en mes doigts plus tremblants encore, le premier soir !...

Tu glisses, tu t'insinues, tu pénètres partout. Tout à l'heure tu brillais sur mes mains jointes ; maintenant, te voici sur mon front que tu baises lentement, respectueusement, comme mon pauvre Trésor le faisait, et dans quelques instants tu iras te perdre dans mon âme, pour l'imprégner de Dieu !

Je te sais gré de tout cela, Astarté merveilleuse, depuis l'émotion que tu me donnes par tant de ressouvenirs heureux, jusqu'au déchirement cruel que tu me procures ! Ma solitude est si terrible en cette inénarrable nuit ! Je te sais gré de tout, oui de tout, car tout me sert pour le futur paradis !

Je te sais gré encore de ce phare glorieux que tu viens de projeter sur ce beau groupe de marbre, au milieu de la pelouse ! Il n'était rien qu'une ombre sans valeur ; maintenant le revoici admirable, plus impérieux que le jour, et me donnant deux sensations si précieuses : celle de ma reconnaissance sans limite pour Dieu, et de mon admiration infinie pour l'art, sensations qui me remplissent entièrement, comme l'eau remplit ce bassin jusqu'au bord !

Clair de lune, enchantement, religion, je te regarde avec intensité, car en même temps que les miens, les yeux de mon aimé sûrement te contemplent, et il m'est si délicieux, oh ! tu ne peux l'imaginer, de penser que nos deux êtres ensemble s'imprègnent et jouissent à la même minute de la même merveille !

Dans le ciel, ce sera ainsi... et mieux encore !

MEDITATION POUR TOUS

Passer sur la terre
sans avoir pensé, c'est
cueillir un fruit pour
le jeter ensuite...

Dieu ! Maître des mondes, et maître du monde infime qu'est mon âme, venez donc m'instruire !

Je voudrais savoir d'où me viennent les aspirations et les inspirations intérieures, qui parfois me soulèvent si impérativement de la terre !

Oui, mon Bienfaiteur, je le supposais. C'est de votre charité et de votre amour immense qu'elles émanent, car sans elles, évidemment, je ne serais qu'une chrysalide en léthargie, un être sans lumière, veule, inutile !

Très souvent, votre souffle me pénètre, à l'heure et au moment qu'il lui plaît, je me transforme, m'élève, m'envole avec une impétuosité irrésistible vers ce qu'il y a de *mieux* et de *plus beau !*

Ah ! comme je sens alors en moi la nécessité d'être souple devant vos ordres sans appel, et comme je devine ce que sera le ciel splendide quand, après cette terre, je serai partie pour les enivrements béatifiques !

Bienheureux divorce de la matière et de l'esprit; scission bienfaisante de l'inférieur et du supérieur; indispensable nécessaire, pour atteindre Dieu ! Oui, être un nuage aromatique qui petit à petit s'évapore, pour l'agrément de mon Sauveur, être délivré des choses prosaïques de la vie, ne plus avoir besoin d'elle mais de vous, Beauté, Joie, Merveille !...

...Etre insatiable de grandeur et d'humilité, d'ardeur et de calme, de chaleur et de rafraîchissement, et trouver. tout cela en vous, Dieu ! Quelle félicité ! !

Pourtant, mon Roi éternel, je ne souhaite point quitter l'endroit éphémère où vous m'avez placée, tant je me sens surveillée par votre beau regard tranquille ! Je sais que votre volonté inflexible me veut là, où je demeure, et je me garde bien d'analyser le pourquoi de ce qui m'entoure. Puisque je suis entre vos deux mains admirables, créatrices et justes, que peut m'importer le reste de tout !

Je mets une fougue passionnée à écrire ce que j'écris pour le bien de mes frères, mais je déchirerais à la seconde tous mès insignifiants travaux, s'il vous était plaisant, Seigneur, que j'anéantisse le fruit de mes veilles, et le résultat de mes fatigues, car plus je m'efface devant vous, plus je commence réellement à vivre ! Il me semble même, parfois, que je ne suis pas encore née, tant je trouve néant ce que je fais, et tant je vois grand ce que je devrais faire !

Mes sœurs ! — dont je suis la plus infime, — suivez-moi, pleines d'humilité, d'abandon et d'espérance !...

Vous cherchez avec des yeux hagards et scrutateurs la magnificence que vous savez être devant nous, et vous regardez partout, à droite, à gauche, sauf là où elle est ! Vous voudriez reposer vos âmes fatiguées dans un peu de paix et de solitude ou bien, solitaires désespérées, vous voudriez le contact de quelque chose de tendre, de doux, de tout près, qui ne vous quitte plus ! Et vous vous éloignez de Lui, de Lui, le grand Paisible, le grand Amour !

Aveugles, sourdes, muettes, comme vous savez mal regarder, entendre et refléter ce Divin Sublime, cette Tendresse qui se tient toute seule, sans être contenue dans un cœur, cette Puissance qui se joue des difficultés, cette Force de gloire et de majesté qu'est votre Dieu !

Oh ! que vous devriez l'aimer d'abord, et l'adorer ensuite, Celui-là qui est si bien fait pour vous, comme Il permet que vous soyez faites pour Lui !

Sortez donc enfin de votre catalepsie, et constatez avec viri-
lité ce que vous gâchez, ce que vous gaspillez dans vos insou-
ciances impardonnables. Regardez l'inutilité de vos heures,
le vide de vos années qui vous mènent à la mort, seconde par
seconde ! Arrivées à ce grand trou noir, vous n'aurez pourtant
que ce que vous aurez amassé de mérites, pour le fuir et
remonter !

Qu'enviables seront celles qui auront compris, voulu, et
demandé !

Vous êtes lasses de la vie, et vous cherchez des distractions
dans du factice, alors que vos âmes réclament du vrai, de
l'utile, autant qu'elles le peuvent ! Vous avez été laissées par
un cœur ami, et vous pleurez seules, dans votre triste coin,
en pénitence, sans courir vous jeter dans les bras étendus de
Celui qui vous attendra éternellement !

Ou bien, — autre version lamentable, — vos existences
sont tourbillonnantes, égoïstes, orgueilleuses, souvent mé-
chantes, fréquemment impures, — et si par trop doulou-
reuses vous vous tournez enfin vers le grand Soleil, votre
exigence s'étonne de ne pas ressentir tout de suite la bonne
chaleur qu'Il rayonne !... Pourtant, vous devez bien savoir
que des fautes répétées finissent toujours par former sur la

conscience une carapace scorieuse !... Ce n'est donc pas le chaud Soleil qui est froid, mais bien vous qui n'êtes plus vulnérables, ne confondez pas !

Cependant, prenez courage ! Dieu ne refuse rien à qui sait attendre. Il arrivera si vous l'avez invité humblement, et Il vous restera si vous vous mettez en frais pour le retenir.

Donnez-vous un peu de peine, croyez-moi, — et sachez deviner ce que vous pouvez faire de pratique pour votre seconde vie ; dans quelque temps, il ne sera plus temps ! Souvenez-vous qu'avec des efforts, des luttes, et des recueillements, on arrive à des choses surprenantes.

∴

Tous mes combats, Jésus, sont des ronces dont je me tresse moi-même une couronne que j'irai vous offrir, comme vous offrîtes la vôtre au Père, pour l'amour de nous !... Je veux tout partager avec vous, mon très doux Agneau, puisque vous partagez toutes vos richesses et tous vos astres avec moi !

Pourquoi ce zéphyr de jasmins vient-il de passer sur mon visage, Dieu prévenant et attentionné ? — N'est-ce pas vous qui l'avez permis, et qui avez fait, et le zéphyr et le jasmin pour m'enivrer, et mon visage pour les apprécier ?

Oh ! harmonie, grande harmonie débordante, posée partout par un Créateur que l'on peut endiguer, comme je vous admire ! comme j'aime à me détendre en vos bienfaits !

Harmonie qui êtes mon Créateur même, bercez-moi dans le centre de votre cœur. Là seulement je trouverai la conclusion définitive ; c'est là que je me délasserai du voyage, car c'est bien fatigant, Maître, de toujours errer dans ce qui n'est pas encore ce qui devrait être !

Merci pourtant déjà de m'avoir attiré dans ces beaux sentiers verts, pleins de sèves et de sources, qui me conduisent si sûrement à vous ; dans ces allées où il y a des fleurs que je cueille comme il me plaît, des fruits auxquels vous permettez que je goûte, et où il y a aussi une grande paix dans laquelle je m'enlise savoureusement.

Il y a enfin dans ces jardins mystiques où je me cache l'épreuve, que vous m'avez appris à comprendre et à aimer, et dont je vous remercie plus que de tous mes enchantements terrestres !

La vie n'est qu'un prélude mineur d'une symphonie qui éclatera somptueuse et admirable, un peu plus tard !

Mais elle est déjà une musique délicieuse pour ceux qui savent l'écouter *divinement !*

LOURDES,... L'AVANT-CIEL !

« Elle était si belle,
Je veux la revoir,
Que désire-t-elle,
Je veux le savoir ! »

Pauvre petite Bernadette, comme je te comprends, — et combien j'aurais voulu, comme toi, la revoir cette vision immaculée qui, dans cette grotte sans apprêt, faisait pâlir toutes les beautés féminines et disparaître toutes les plus fastueuses richesses des palais impériaux !

Ce matin je suis venue me recueillir, à la place même que tu occupais jadis, lorsque pour tes yeux candides les yeux de Marie se sont ouverts, et je médite exquisement en ce jour de Mai que Dieu semble n'avoir créé que pour la Vierge des Vierges !

Hélas, si prosternée, si agenouillée que je sois, je n'aurai pas ton privilège, pauvre bergère ! Il me faudrait ton humilité et ton ignorance, pour que je reçoive comme toi la grâce unique qui devait tant intriguer le monde !...

Mais il fait très doux vivre ici ; l'air est bleu comme le Gave, comme le ciel, comme le ruban de turquoise qui descend avec le rosaire le long de ce grand arbre blanc qu'est la reine de toute pureté, et je m'y repose doucement de la laideur des humains.

Les cierges innombrables brûlant sans cesse, qu'il fasse clair ou sombre, sont groupés sur des éperons de fer, dont la forme me rappelle les poiriers en quenouille de mon en-, fance ; mais ils ont aussi, et surtout, la forme d'un gros épi de blé d'août, très mûr, très doré, et qui synthétise si bien pour nos âmes chrétiennes le froment eucharistique !

Oh ! demeurer ici longuement, puis monter ensuite au plus haut des cieux, ne serait-ce pas ce qu'il y aurait de plus ravissant ?

Des bouquets symétriques, alignés, — que je trouverais ri-dicules ailleurs, car j'aime les fleurs désordonnées, — disent avec précision que des gens simples sont venus offrir à Marie ce qu'ils pouvaient, — et quand je pense que chaque atten-tion représente ici un cœur fervent, fût-il rustre ou affiné, je suis contente, car j'ai l'impression réconfortante qu'il y a enfin un coin de la terre où l'on sait prier, respecter, ré-parer !...

Le luxe de notre tendre Mère, — si jeune, et pourtant si vénérable, — est de voir son rosier toujours rose!... A la Noël comme à la Fête-Dieu, en effet, il ne défleurit jamais, ce rosier qu'elle planta elle-même, et dont elle se servit si joliment pour répondre à ceux qui doutaient encore, non de sa puissance, mais de sa présence!

La brise passe, très légère, comme un tulle de mariée, sur la svelte et blanche statue, pour lui apporter les parfums de tous les bouquets blancs et ronds comme des hosties, qui s'alignent un peu plus bas.

Enfin, vision charmante dont mon âme religieusement sourit, voici des mésanges, des mésanges de printemps, celles qui ne connaissent pas encore grand'chose, et qui viennent s'amuser avec les pieds de la Madone bénie!

Quelle fraîcheur, quelle innocence, quelle chasteté, règnent partout en ce lieu! On ne pourrait pas y demeurer si l'on avait accompli une mauvaise action! C'est un domaine trop virginal, et dont l'atmosphère ne saurait envelopper le vice ou la cupidité.

« CAUSE DE NOTRE JOIE, » vous avez fait jaillir dans ce coin choisi une source miraculeuse pour les corps souffrants, mais j'en sais une autre que vous faites couler aussi, dans

Cet endroit prédestiné, une autre plus utile et plus précieuse encore que la première : celle de la purification, de la pénitence et de la paix !

Oui, on peut ici guérir de bien des plaies morales et physiques, de tout ce que nous voyons, mais aussi et surtout de ce que nous ne voyons pas, c'est-à-dire de ce que Dieu seul peut voir.

O Myriam !... O Tour d'Ivoire !... *Refugium peccatorum !...* comme il m'est bienfaisant de vous chérir, de me confier à vous ! Il y a vraiment des choses que l'on ne peut dire qu'à vous, que vous *seule* pouvez comprendre !

Alors, laissez-moi, « *Porte du Ciel,* » déposer là en cette Grotte touchante, où votre splendeur invisible et grandiose a daigné briller un instant trop court, les violents désirs que, toute frêle, je porte en moi ! Il y a tant d'âmes que j'aime !... tant d'âmes que je voudrais redonner à votre Fils, mon Jésus, O Marie très douce !... Mais parfois je ne sais comment le faire; elles sont si malades, ces âmes de mon cœur, qu'avec un soupir je les pourrais achever !

Vierge belle, il ne faut pourtant pas qu'elles meurent. Vous savez bien qu'Il a agonisé d'amour pour les racheter, Celui qui s'est caché en vous, comme un oiseau dans un magnolia !

« *Étoile du Matin,* » ce sont des miracles qu'il me faut, des miracles à profusion, autant qu'il y a de gouttes d'eau en un jet qui se brise !

Vous êtes si riche, donnez-moi tout ce que je veux !... Les muguets au printemps sont moins nombreux dans les bois obscurs que vos charmes le seront à jamais à l'œil insondable du Grand des Grands,... et vos désirs doivent être les carillons du ciel ! ! !

Je voudrais, ma Mère si jolie, que tout, en moi, plaise à votre petit enfant très beau, et que tout de Lui se reflète sur moi, pour le joyeux plaisir des autres !... Je voudrais apprendre le bonheur à ceux qui le cherchent, la paix aux tumultueux, et je voudrais aussi, et surtout enfin, Reine de pitié, que vous prépariez près de Jésus la dernière place de notre éternel amour !... Voulez-vous, Marie ?... Une place pour deux, cela nous suffira !...

LÀ SAINTE VIERGE... LE SOIR !

Notre amour, Lourdes,
et le Ciel !

Très lentement le soleil s'en va dormir, accompagné tour à tour de nuages élancés et mauves comme des gerbes de lilas, ou caché à demi par des vapeurs roses comme des roses ! Encore quelques instants d'émotion pour nous qui le contemplons, et son grand devoir, ordonné par Dieu, sera cette fois encore accompli !

La chaîne pyrénéenne aussi va s'estomper bientôt, mais, auparavant, elle veut nous laisser un dernier regret de sa beauté disparue, en se colorant toute de rubis clair, et c'est son adorable façon de dire bonsoir à Lourdes, qui, demain, lui dira si gaîment bonjour, par son Gave d'émeraude foncée !

...On va, on vient, on se presse dans les hôtels. Il faut, paraît-il, réparer ses forces physiques et s'astreindre au repas habituel, mais cela semble tout à fait étrange dans cette atmosphère céleste, où l'on se passerait de tout pour ne plus vivre que de Marie !

Enfin, voici la pleine nuit qu'un croissant trop mince ne peut éclairer... Neuf heures ont sonné déjà, et l'on entend des chants... Sont-ce ceux du ciel ou ceux des pèlerins ? On a peine à le deviner !

Et, par groupes, chacun s'achemine ureux, impatient à l'excessif, vers ce point de mire si attrayant qu'est la Vierge resplendissante.

Je suis seule dans la foule, ou du moins ceux que je devance le croient ; pourtant ils font erreur. Je porte religieusement en moi mes deux trésors, l'un dans mon âme, l'autre dans mon cœur, et je me sens plus entourée qu'une reine dans son palais.

On approche ; les chants sont plus intenses, plus ardents, les lumières se multiplient ! — Il y en a !... Oh ! c'est incroyable !... Dans un océan de feu n'allons-nous point entrer ?...

Alors, le ruban divin se forme, car tout est surnaturel maintenant dans cet immense parc mystique, et l'on ne pense plus à rien qu'à elle, cette vierge modeste, fragile, qui a écrasé le mal et fait refleurir la terre !

Comme on est loin de tout ici, comme on y devient simple,

enfant, confiant ! On sent que tous les hommes catholiques sont soudés les uns aux autres, par cette substance sacrée et universelle qu'est le sang du Christ.

Les respects humains sont partis ; les arrogances se sont dissoutes au contact des miséreux ; les égoïsmes se fondent : c'est le souffle virginal, seul, que respire toute cette cohue formidable, accourue de partout et de si loin, pour aimer, remercier et supplier Celle qui peut tout nous obtenir, et devant laquelle les plus somptueux se trouvent les plus indigents !

Les visages seuls sont éclairés par les cierges que chacun porte à hauteur de la poitrine, vous aveuglant presque, et cette procession interminable et nocturne me donne un sentiment très rare de sincérité, d'humilité, et d'abandon total de soi !

Tout le monde chante ; ceux qui savent et ceux qui ne savent pas... Pourvu que chacun dise à Marie sa bonne volonté, le but est atteint. Les cantiques se succèdent, puis les AVE seuls, et l'on se réunit enfin, milliers par milliers, dans un relatif silence, sur cette place sainte du Rosaire, d'où va s'élever tout à coup, incommensurable et pour clore la journée salutaire, l'imposant Credo, inoubliable,... même pour les impies !

Ah ! Qu'il fait bon alors à pleine poitrine le pousser, ce cri de foi, indispensable à tout être humain, mendiant ou riche, vertueux ou imparfait, ce *Credo* que toute créature balbutie malgré elle, et si souvent sans le savoir !

Chaque flambeau allumé semble une perle d'or, et ces perles d'or sont tellement rapprochées l'une de l'autre que l'on croirait un beau lac vermeil.

« Marie, regardez cet étang de lumière, tout rempli d'émotion, et venez vous promener dessus !... Avec leurs ailes de neige et de plumes, vos anges ne peuvent-ils donc pas vous faire bien vite une barque de pureté et de gloire ? Vous glisserez triomphale sur les âmes de vos enfants ! »

Près d'un pilier obscur je demeure, prise comme tous par ce philtre surnaturellement enjôleur ; mais j'attends, un peu hâtive, que la foule se disperse, car j'ai besoin de revoir la Grotte bénie, demeurée seule phosphorescente dans l'ombre.

Toutes ces âmes pèlerines, en effet, s'en retournent religieusement vers la ville profane, et elles me semblent être un amas gigantesque de fleurs toutes différentes, dont aucune ne se nuit, ni comme couleur, ni comme saveur.

Enfin tout se tait, tout s'éteint, tout devient immobile. L'heure tardive a forcé, coûte que coûte, l'interminable et

pauvre troupeau humain à abandonner le joyau unique e
charmant qu'est le rocher de Massabielle, et je deviens presque maîtresse du domaine marial en cet instant plein de
mansuétude et de limpidité.

Tout est sombre intensément, sauf la Vierge pleine de
grâce, qui semble apparaître encore, et, dans l'obscurité, je
répète, obéissante autant que ravie, la salutation séraphique,
tandis que mes doigts égrènent le chapelet d'ébène, et que
mon Amour m'embrasse dans la nuit !

L'INTIMITE DE DIEU

Dieu est le grand refuge, merveilleux et sans borne, où l'on se perd sans jamais se perdre.

Depuis que mes nuits sont devenues blanches et noirs mes jours, notre Seigneur me vient visiter chaque matin ! Pas une seule fois ce tendre Pasteur n'oublia sa brebis, mais il advint pourtant que trois aubes se succédèrent, sans que sur mon cœur je ressentisse l'étreinte divine ! Je faillis défaillir...

Alors, Il voulut me dédommager, ce « Dieu avec nous », et savez-vous ce qu'il fit ?...

Au quatrième lever du soleil, à l'instant où, hâtive, je retournais vers la table de bonheur, sa main de lumière, cachée dans celle de son prêtre, déposa sur mes lèvres altérées quatre hosties saintes en même temps.

Personne ne le sut que Lui et moi ! Et je ne percevrai jamais d'une façon plus précise l'amour de mon Créateur !

Ah ! grand et profond désabusé, pauvre mercenaire, martyr, socialiste révolté, ou homme simplement, si tu savais comprendre Dieu, comme tu souffrirais moins ! — A ta portée, à ta merci, se trouvent le torrent de fraîcheur, la nappe de paix... A ta guise, tu pourrais transformer tes souffrances, leur donner un aboutissement, — transfuser dans ton sang le sang de Jésus-Christ, devenir roi, devenir souverain ! Mais hélas, tu ne sais pas, et tu gis, esclave douloureux de toutes les passions, enfermant tes concepts et ta science dans un cercle plus étroit qu'un bracelet de femme !

A ta mort, frère inconnu, il faudra pourtant bien que tu admettes tes erreurs ! Allons, fais un effort dès tout de suite, mets-toi à réfléchir.....

Ne dis pas que ton être est parfaitement heureux ou qu'il le sera toujours ! Si tu as évincé l'essence de la vie, comment veux-tu vivre ? Et si ta pauvre chaumière terrestre est bâtie sans que les doigts sacrés l'aient consolidée, crains tout : son effondrement sera inévitable et terrible !

Il arrivera, — quoique tu ne le veuilles ! — qu'un soir sinistre tu te trouveras au soir de tes soirs, et que dans cette pénombre presque déjà mortuaire, tout ce qui te souriait pleurera ; tu chercheras un appui, un abri contre la tempête définitive, mais dans l'affreux abandon ton esprit imprévoyant agonisera de regret, de remords, et de désespérance.

Tu crois peut-être qu'en ce moment, c'est mon âme qui s'adresse à la tienne ?... tu te trompes encore, mon douloureux semblable, c'est Dieu qui te parle et te veut. Ne discute pas avec lui, Il est plus immense que nous...

Tu vois bien, rien n'était plus illimité que les amours d'Emmanuel et d'Hélène, pourtant Il les a effacées, comme le simoun disperse un peu de sable... dans le désert !...

Sache du moins apprécier que sa puissance n'est pas plus puissante que bonne sa bonté, et si ton orgueil n'ose lui revenir, dis-le lui humblement ; c'est lui qui te reviendra, comme si tu lui revenais. Fixe-le enfin, longuement, attentivement, et tu verras petit à petit descendre vers ta mendicité sa poitrine ouverte, pour que tu ailles t'y ensevelir, toi, et tous les chagrins !

Homme de poussière et de grandeur !... vestige divin, image de Dieu, atôme, qui peut s'amplifier si glorieusement ou se dessécher inutile !... homme, dont je suis la sœur, qu'une dernière pensée nous unisse dans ce volume fait avec une foi sincère et des douleurs qui ressemblent aux tiennes, car nous sommes de la même famille !... Souviens-toi que tu as tout à gagner, avec le Grand des Grands, et rien à perdre, puisqu'il nous fait tout perdre ici, pour tout gagner là-haut !

Maintenant c'est la passerelle provisoire...... Là-bas ce sera la demeure éternelle,..... éternelle !............

FIN

TABLE

TARBES

Imprimerie Saint-Joseph

1920

www.ingramcontent.com/pod-product-compliance
Ingram Content Group UK Ltd.
Pitfield, Milton Keynes, MK11 3LW, UK
UKHW021438090726
13657UKWH00003B/1142